인간의 역사가 시작된 이래로 자연은 인간의 친구이고,
거대한 위협이기도 했습니다. 인간은 자연 속에서
진화해 왔다고 해도 과언이 아닐 것입니다.
국토 개발은 이러한 자연의 변화를 필연적으로 수반합니다.
사람들의 편리한 생활과 자연의 보존 사이에서 현명한 방법은
과연 무엇일까요? 이야기를 통해 국토 개발의 좋은 점과
나쁜 점을 알아보고 어떻게 하면 자연을 많이 해치지 않으면서
사람들의 편리한 생활을 위한 개발을 할 수 있는지 알아봅시다.

자연 지리 감수_ 송언근

경북대학교 학부와 대학원에서 자연지리와 지리교육을 전공하고 박사 학위를 받았습니다. 뉴질랜드 크라이스트처치 교육대학 연구 교수로 활동하였으며, 지금은 대구교육대학교 사회교육과 교수로 있습니다. 쓴 책과 옮긴 책으로는 〈지리로 읽는 대구 이야기〉, 〈교육 연구의 질적 접근〉, 〈교육적 질문하기〉, 〈초등지리 교육론(공역)〉 등이 있습니다. 논문으로는 〈그림지도에서 수준별 교수·학습과 수행평가의 관계 구성〉, 〈지리교육에서 지형교육의 의미와 방향〉 등이 있습니다.

인문 지리 감수_ 서태열

서울대학교 학부와 대학원에서 지리교육을 전공하고 교육학 박사 학위를 받았습니다. 미국 텍사스주립대학에서 방문 교수로 활동하였으며, 지금은 고려대학교 지리교육과 교수로 있습니다. 제7차 사회과 교육과정 개정위원 및 초등 사회 교과서 집필위원, 한국교육과정평가원 자문위원 등을 지냈으며, 지금은 교육인적자원부 사회과 교육과정 심의위원, 한국사회과교육연구학회 부회장, 한국지리환경교육학회 부회장, 고려대학교 교과교육연구소장을 맡고 있습니다. 쓴 책과 옮긴 책으로는 〈지리교육학의 이해〉, 〈위성에서 보는 한국 아틀라스〉, 〈세계화 시대의 세계지리 읽기〉, 〈초등지리 교육론(공역)〉 등이 있습니다.

지구촌 감수_ 옥한석

서울대학교 학부와 대학원에서 지리학을 전공하고 박사 학위를 받았습니다. 한국사진지리학회장, 교육자료개발원장, 미국 워싱턴대학 방문 교수로 활동하였습니다. 지금은 한국지역지리학회 부회장 및 강원대학교 지리교육과 교수로 있습니다. 쓴 책으로는 〈세계화 시대의 세계지리 읽기〉 등이 있으며, 논문 〈생활 중심 교수 학습·모형의 설계와 적용〉과 〈학생의 일상적 개념을 활용한 지리 학습 동기 유발 방안 연구〉는 교육 현장의 주요 연구 사례로 평가받고 있습니다.

생활 문화 감수_ 남경희

일본 쓰쿠바 대학원에서 사회교육학을 전공하고, 교육학 박사 학위를 받았습니다. 제7차 초등 사회 교과서를 집필한 바 있으며, 한국사회과교육연구학회 회장, 서울교육대학교 발전기획단장 등으로 활동하였으며, 지금은 서울교육대학교 사회교육과 교수로 있습니다. 쓴 책으로는 〈사회과 교수·학습론〉, 〈현대 사회과 교육〉, 〈붕어빵 학교 753교실〉 등이 있습니다.

사회 생활 감수_ 서이종

서울대학교 학부와 대학원에서 사회학을 전공하고, 독일 베를린자유대학에서 박사 학위를 받았습니다. 서울대학교 중앙전산원 부원장으로 활동하였으며, 지금은 서울대 정보사회포럼을 맡고 있고, u클린 운동 추진위원장으로도 활동하고 있으며, 서울대학교 사회학과 교수로 있습니다. 쓴 책으로는 〈과학 사회 논쟁과 한국 사회〉, 〈한국 사회의 위험과 안전〉, 〈인터넷 커뮤니티와 한국 사회〉, 〈한국 벤처기업가 벤처기업가 정신〉, 〈사이버 시대의 사회 변동〉, 〈지식정보사회의 이론과 실제〉 등이 있습니다.

민주 정치 감수_ 장훈

서울대학교 학부와 대학원에서 정치학을 전공하고, 미국 노스웨스턴대학교에서 박사 학위를 받았습니다. 한림대학교 정치외교학과 교수, 한국정치학회 상임이사로 활동하였으며, 지금은 중앙대학교 정치외교학과 교수로 있습니다. 쓴 책으로는 〈경제를 살리는 민주주의〉, 〈한국의 자유민주주의〉 등이 있습니다.

글_ 김영란

이화여자대학교에서 사회학을 공부했습니다. 지금은 어린이책을 만들면서 어린이책에 글을 쓰고 있습니다. 쓴 책으로는 〈자장자장 잘도 잔다〉, 〈온달이의 약속〉, 〈빛을 따라가 봐〉 등이 있습니다.

그림_ 아리

한양여자대학교에서 일러스트레이션을 공부했습니다. 2003년 어린이 동화 그룹전, 2005년 4월 그림책 일러스트전, 6월 일러스트레이션과 동문 전시회를 가졌습니다. 그린 책으로는 〈라푼젤〉, 〈사랑의 요정〉, 〈너는 누구니〉, 〈펄벅〉 등과 다수의 창작 동화가 있습니다.



똑똑한 사회탐구 18 인문 지리 | 국토 개발  나는 산에 사는 고라니예요

펴낸이 박희철 | 펴낸곳 한국혜밍웨이 | 출판등록 제406-2013-000056호 | 주소 경기도 성남시 분당구 금곡동 444-148 | 대표전화 031-715-7722 | 팩스 031-786-1100
기획·편집 오영호 이미경 황인옥 김경란 | 아트디렉터 유정미 | 디자인 박희경 이혜희 박민경 | 사진진행 시몽포토에이전시
사진출처 35 미국 테네시 강 유역_이미지클릭 | 35 독일 아우토반_이미지클릭 | 35 나일 강을 막고 세워진 이집트 아스완 댐_이미지클릭 | 36 새만금 갯벌의 새들_연합포토
36 썩은 호수가 된 시화호_중앙포토 | 36 울산 대곡리 반구대 암각화_연합포토 | 37 천년 묵은 삼나무 루나와 줄리아 힐_연합포토 | 37 독일의 갯벌_이미지클릭

# 나는 산에 사는 고라니예요

글 김영란 | 그림 아리

한국헤밍웨이

산에 가을이 깊어 가요.

엄마는 곧 겨울이 올 거래요.

난 아직 겨울을 본 적이 없어요.

겨울이 오면 하얗고 차가운 눈이라는 게 내린대요.

눈이 오면 정말 온 세상이 하얗게 변하나요?

겨울이 빨리 왔으면 좋겠어요.

하지만 엄마는 겨울이 오는 게 걱정스러운가 봐요.

"겨울이 오면 풀을 찾기 어려울 거야. 많이 먹으렴."

엄마는 싱싱한 풀을 잘 찾아요.

엄마가 찾은 풀은 역시 달고 맛있어요.

"드르륵 드르륵!"

어느 날부터인가 숲 아래쪽에서 이상한 소리가 들려왔어요.

"엄마, 이건 어떤 새의 노랫소리예요?"

"아가, 이건 새 소리 같지가 않구나."

"그럼 무서운 멧돼지 소리예요?"

"글쎄, 멧돼지 소리 같지도 않은데……."

엄마 표정이 굳어졌어요.

다른 고라니들도 귀를 쫑긋 세우고 온 신경을 곤두세웠어요.

호기심 많은 고라니 한 마리가 아래쪽까지 내려갔다 왔어요.

"저 소리는 사람들이 내는 소리예요. 나무를 자르고 산을 깎고 있어요.

산에 큰 구멍을 내서 고속 국도를 만든대요."

우리는 그게 어떤 뜻인지 잘 몰랐어요.

## 국토 개발이 뭘까요?

국토 개발은 나라에서 계획을 세워서 하는데, 국민들이 편안하고 풍요롭게 살도록 하기 위해 여러 가지 일들을 해요. 예를 들면 고속 국도를 만들거나 고속 전철을 만들어 더 빠르게 움직일 수 있게 하고, 댐을 만들어 물의 양을 조절하고 농사를 짓는 데 필요한 물을 공급하기도 해요. 또 섬과 육지를 잇는 기다란 다리를 만들어 사람들이 편리하게 오갈 수 있게도 해요. 대도시 주변에 사람들이 거주할 수 있는 대규모 신도시를 만드는 것도 나라에서 하는 국토 개발 중 하나예요.

겨울이 시작되었어요.
그렇게 기다리던 겨울이지만 하나도 즐겁지 않았어요.
새들이 먼저 숲을 떠났어요.
꿩 부부는 시끄러운 소리 때문에 알을 낳을 수가 없다고 했어요.
우리 무리의 고라니들도 한 마리씩 떠나기 시작했어요.
"사람들이 나무와 풀을 뽑아 버려서 먹을 게 없어.
"여기 있다간 아기가 굶어 죽을지도 몰라요.
"사람들 때문에 산을 떠나야 하다니, 사람들이 원망스러워요."
엄마와 나는 고라니들이 떠나는 걸 지켜보고 있었어요.

겨울이 깊어 갈수록 먹이를 찾는 것도 점점 어려워졌어요.

사람들은 산 속 깊은 곳까지 올라와 나무와 풀을 베었어요.

엄마와 나는 사람들이 있는 곳을 피해 하루 종일 눈밭을 걸었어요.

그렇게 며칠을 보내고 나니 너무 힘들었어요.

엄마가 말했어요.

"아가, 우리도 다른 고라니들처럼 다른 곳으로 가 볼까?"

엄마가 여길 떠날 생각을 하다니…….

이 숲은 내가 태어났고, 아빠의 추억이 어린 곳인데 말이에요.

나는 말없이 엄마 뒤를 따랐어요.

엄마와 함께 내려간 곳에는 높다란 그물이 쳐 있었어요.
"저쪽에 맛있는 풀이 많았는데."
엄마는 그물 너머를 바라보며 아쉬운 표정을 지었어요.
우리는 그물을 넘어갈 수 있는 길이 있나 주변을 어슬렁거렸어요.
그물이 쳐진 곳은 생각보다 넓었어요.
날이 어두워질 때까지 걷고 또 걸었지만 그물은 계속 이어졌어요.
엄마와 난 눈 위에 웅크렸어요.
눈은 차가웠지만 엄마 품은 무척 따뜻했어요.

### 국토 개발로 만들어지는 것은 무엇이 있을까요?

나라에서 하고 있는 개발 사업은 자연 환경과 사람들의 생활 환경을 크게 바꾸는 일이에
요. 따라서 오랜 시간에 걸쳐 많은 돈과 인력이 들어가요. 경부 고속 철도 사업은 서울에
서 부산까지 412킬로미터의 거리를 시속 300킬로미터의 속도로 달리는 전철로 잇는 사
업이에요. 1990년에 기본 계획이 확정되어 2008년 완공한다는 계획이에요. 이 철도로
서울에서 부산까지 2시간 40분이면 갈 수 있어요. 새만금 간척 사업은 서해안 바닷물을
막아 새만금 갯벌을 농사지을 수 있는 땅으로 만드는 사업이에요. 나라에서는 앞으로 필
요한 식량을 얻고, 새만금호를 만들어 물 부족에 대비한다는 계획을 가지고 있어요. 다목
적 댐은 홍수 조절 및 농업 용수나 공업 용수의 공급, 수력 발전 등 여러 가지 목적을 위
해 만든 대규모의 댐이에요. 지금 우리 나라에는 15개의 다목적 댐이 있어요.

눈을 떠 보니 엄마가 옆에 없었어요.

"엄마!"

아무 대답도 없었어요.

"엄마가 어디 간 거지?"

나는 정신 없이 엄마를 찾아 헤맸어요.

"엄마, 엄마!"

쌓인 눈 때문에 제대로 걸을 수가 없었지만 있는 힘을 다해 뛰었어요.

다리가 눈 속에서 잘 빠지지 않아 난 그만 쓰러지고 말았어요.

"엄마!"

아무도 없는 세상에 나 혼자 남겨진 것 같았어요.

나는 해가 떠서 주변이 환해질 때까지 쓰러져 있었어요.

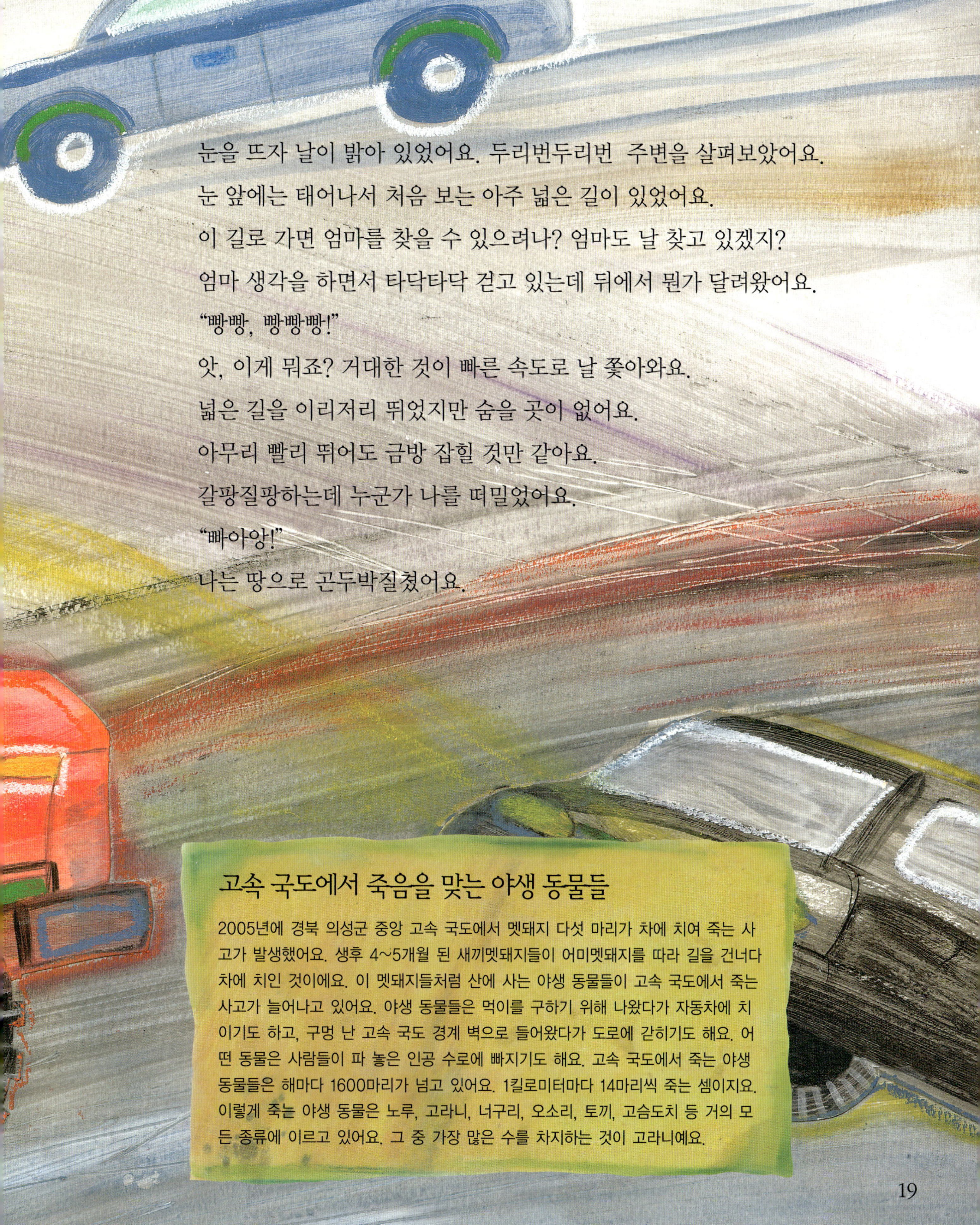

눈을 뜨자 날이 밝아 있었어요. 두리번두리번 주변을 살펴보았어요.
눈 앞에는 태어나서 처음 보는 아주 넓은 길이 있었어요.
이 길로 가면 엄마를 찾을 수 있으려나? 엄마도 날 찾고 있겠지?
엄마 생각을 하면서 타닥타닥 걷고 있는데 뒤에서 뭔가 달려왔어요.
"빵빵, 빵빵빵!"
앗, 이게 뭐죠? 거대한 것이 빠른 속도로 날 쫓아와요.
넓은 길을 이리저리 뛰었지만 숨을 곳이 없어요.
아무리 빨리 뛰어도 금방 잡힐 것만 같아요.
갈팡질팡하는데 누군가 나를 떠밀었어요.
"빠아앙!"
나는 땅으로 곤두박질쳤어요.

## 고속 국도에서 죽음을 맞는 야생 동물들

2005년에 경북 의성군 중앙 고속 국도에서 멧돼지 다섯 마리가 차에 치여 죽는 사고가 발생했어요. 생후 4~5개월 된 새끼멧돼지들이 어미멧돼지를 따라 길을 건너다 차에 치인 것이에요. 이 멧돼지들처럼 산에 사는 야생 동물들이 고속 국도에서 죽는 사고가 늘어나고 있어요. 야생 동물들은 먹이를 구하기 위해 나왔다가 자동차에 치이기도 하고, 구멍 난 고속 국도 경계 벽으로 들어왔다가 도로에 갇히기도 해요. 어떤 동물은 사람들이 파 놓은 인공 수로에 빠지기도 해요. 고속 국도에서 죽는 야생 동물들은 해마다 1600마리가 넘고 있어요. 1킬로미터마다 14마리씩 죽는 셈이지요. 이렇게 죽는 야생 동물은 노루, 고라니, 너구리, 오소리, 토끼, 고슴도치 등 거의 모든 종류에 이르고 있어요. 그 중 가장 많은 수를 차지하는 것이 고라니예요.

"야, 죽고 싶어? 자동차가 오면 빨리 길 옆으로 도망가야지."
먼지를 뽀얗게 뒤집어쓴 사슴 아저씨가 씩씩거렸어요.
"고맙습니다. 저게 자동차라는 거예요?"
자세히 보니 사슴 아저씨는 온몸이 상처투성이에,
한쪽 뿔도 부러져 있었어요.
"너, 여기 온 지 얼마 안 된 모양이구나. 나도 처음엔 뭐가 뭔지 몰랐지.
이 뿔도 차랑 부딪쳐서 이렇게 된 거야. 무조건 뒤를 조심해, 알았지?"
사슴 아저씨는 많은 걸 알고 있는 것 같았어요.
사슴 아저씨랑 있으면 안전할 것 같았어요.

사슴 아저씨는 어떻게 여기까지 오게 됐는지
이야기하지 않았어요. 그냥 돌아갈 곳이 없다고만 했어요.
사슴 아저씨는 이 곳에서 지내는 방법을 잘 알고 있었어요.
길을 가다 배가 고프면 사람들이 심어 놓은 농작물과 열매를 먹었어요.
자동차가 많이 다니는 낮에는 덤불 속에 숨어 있다가
주로 밤에 나와 돌아다녔어요.
"밤에는 차들이 불을 켜고 다니니까 멀리서도 금방 알 수 있어."
사슴 아저씨는 길 위에서 살아가는 법을 알려 주었어요.

## 지율 스님이 단식을 한 까닭은?

지금 건설 중인 고속 철도가 지나는 중간에 천성산이 있어요. 천성산에는 1만 년이 된 화엄늪과 무제치늪이라는 습지가 있어요. 이 습지에는 아직 잘 알려지지도 않는 희귀한 동물들이 살고 있어요. 그래서 나라에서도 습지 보호 지역으로 정했어요. 문제는 고속 철도가 이 습지의 지하를 지나게 되는데, 그렇게 되면 습지가 파괴되고, 거기에 살고 있는 많은 동물들도 살 곳을 잃고 결국 사라지게 된다는 거예요. 지율 스님은 천성산 고속 철도 터널 공사를 중단하고 공사가 습지에 미칠 영향을 다시 조사해 줄 것을 주장하면서 100일 동안 단식을 했어요.

그 날도 사슴 아저씨와 나는 밤길을 걷고 있었어요.
"이 길 끝에 가면 네 엄마를 만날 수 있을 거야."
사슴 아저씨는 웬일인지 신이 나서 펄쩍펄쩍 뛰었어요.
나도 사슴 아저씨 말에 신이 나서 팔딱팔딱 뛰었어요.
그런데 그 순간! 우리는 까만 밤 하늘로 날아올랐어요.
깜깜한 길 저편에 엄마가 서 있었어요.
나는 달려가 따뜻한 엄마 품으로 파고들었어요.
그런데 엄마가 나를 밀어 내고 어디론가 가기 시작했어요.
나는 엄마를 쫓아갔지만 엄마는 점점 더 멀어졌어요.
"엄마, 엄마!"

눈을 뜨자 한 아이가 보였어요. 아이는 나를 걱정스런 눈으로
바라봤어요. 아이가 옆에 있는 어른에게 물었어요.
"아빠, 고라니 이제 괜찮은 거예요?"
"그래, 이제 정신이 든 모양이구나."
아이는 그제야 환한 미소를 지었어요.
나는 폭신하고 따뜻한 담요 위에 누워 있었어요.
"아빠가 조금만 더 빨리 차를 멈추었더라면, 그 사슴도……."
사슴 이야기에 어른의 얼굴이 어두워졌어요.
"그러게 말이다. 고속 국도로 가면 제 시간에 닿을 수 있을 것 같아
그리로 간 건데……. 거기에 사슴과 고라니가 있을 줄은 몰랐구나."

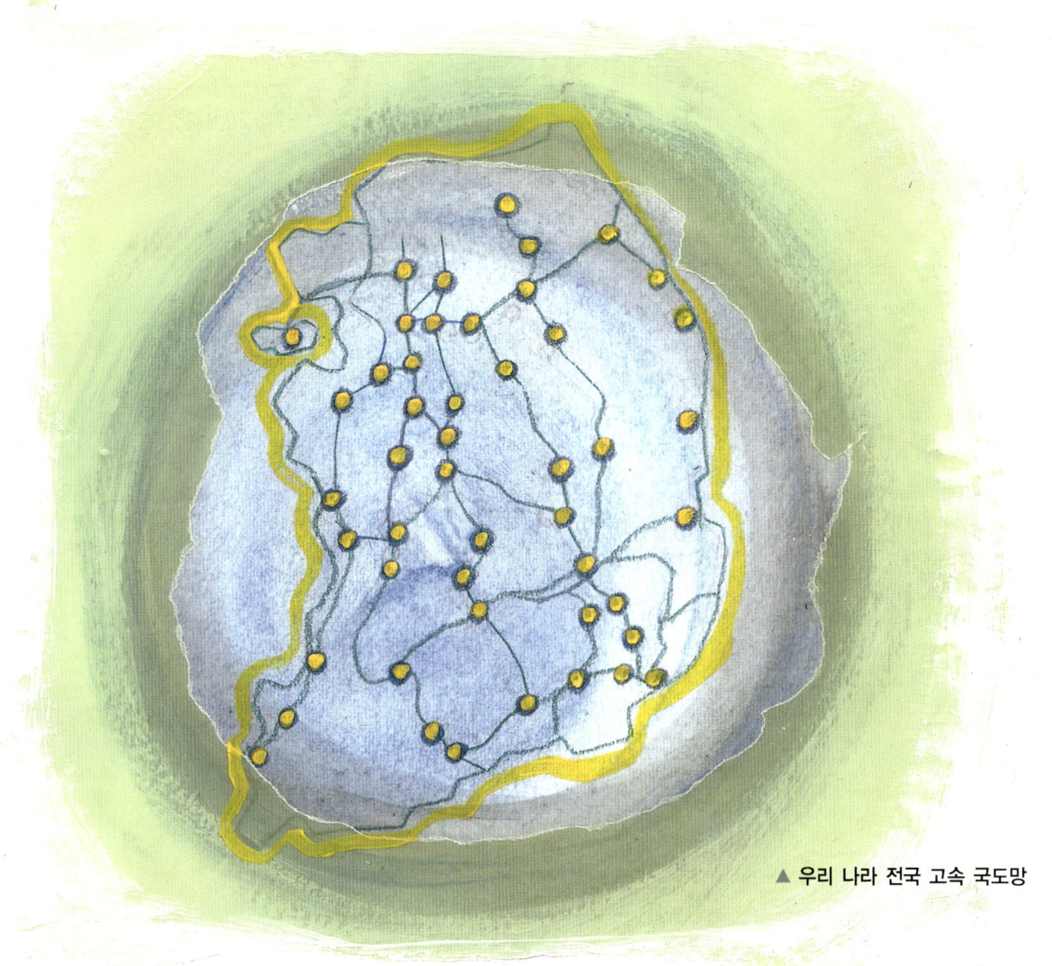



▲ 우리 나라 전국 고속 국도망

아이와 어른은 매일 나를 찾아왔어요.

내가 자고 있으면 머리맡에 빵과 과일을 놓고 갔어요.

하지만 나는 사슴 아저씨와 나를 친 어른은 보기 싫었어요.

그래서 어른이 오면 자는 척했어요.

어느 날, 아이가 와서는 내게 말했어요.

"고라니야, 미안해. 그런데 왜 밤에 고속 국도에 나와 있었니?

우리 아빠는 트럭 운전을 하셔. 물건을 빨리 나르려면

밤에 고속 국도를 달려야 해. 그럼 아침이면 서울에 도착할 수 있대.

우리 아빠가 너랑 사슴을 치려고 한 건 절대 아니야."

나는 머릿속이 뒤죽박죽되었어요.

사람들한테 편리하도록 만든 길이 왜 우리한테는 위험한지

이해가 되지 않았어요.

"거의 다 나아가는구나.
이제 고라니와 작별 인사를 해야겠는걸."
아이는 시무룩한 얼굴이 되었어요.
"아니야. 아직 다 안 나았어요. 더 있어야 돼요."
"고라니도 엄마가 보고 싶을 거야."
어른이 말했어요.
'내가 엄마를 보고 싶어한다는 걸 어떻게 알았지?'
어른은 나와 사슴 아저씨를 치긴 했지만 나쁜 사람 같지는 않았어요.
아이는 한참 동안 나를 바라보다가 어른에게 물었어요.
"아빠, 동물들이 사는 곳에 고속 국도를 만들지 않으면 안 돼요?
동물들이 너무 위험하잖아요."
어른은 입가에 미소를 짓고 있다가 아이에게 말했어요.
"글쎄, 고속 국도는 차들이 안전하고 빠르게 다니도록 만든 길이야.
그래서 부산에 사시는 할머니 댁에도 빨리 갈 수 있잖니."
아이는 아빠 말을 듣고 고개를 끄덕였어요.

내가 산으로 돌아가는 날,

햇살이 따뜻하게 비쳤어요.

숲에서 바람도 솔솔 불어 와 나를 불렀어요.

아이는 울먹이며 손을 흔들었어요.

"고라니야, 잘 가! 위험한 길로 오지 마!"

나는 숲이 있는 쪽으로 힘껏 뛰었어요.

바람결에 엄마 냄새가 나는 것 같았어요.

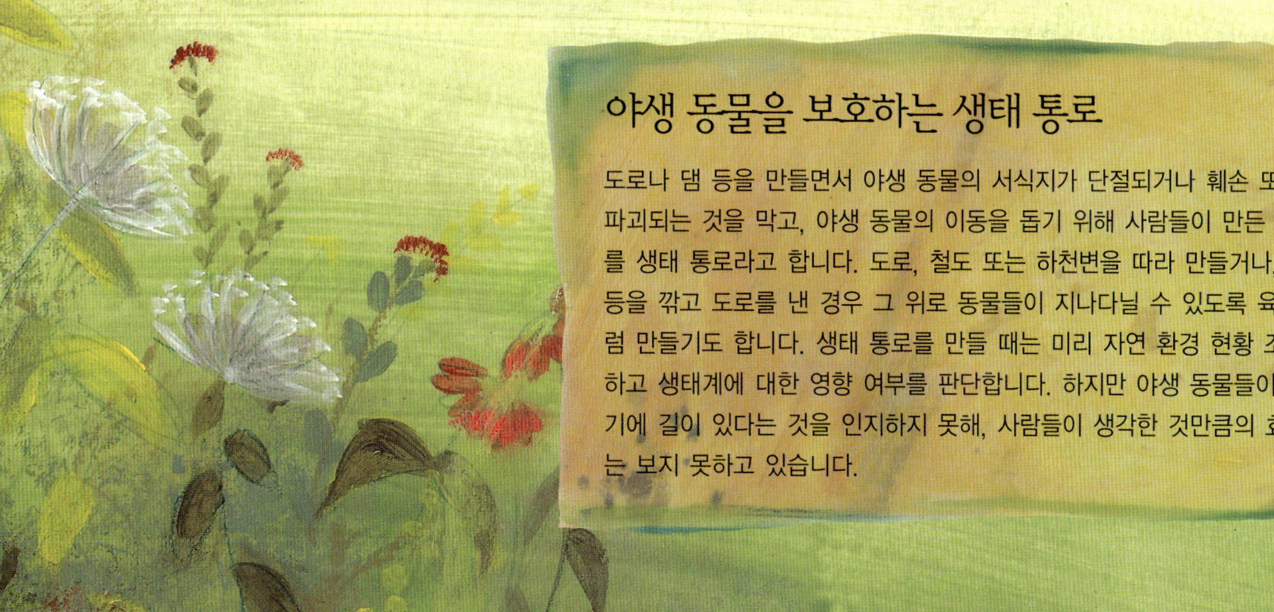

### 야생 동물을 보호하는 생태 통로

도로나 댐 등을 만들면서 야생 동물의 서식지가 단절되거나 훼손 또는
파괴되는 것을 막고, 야생 동물의 이동을 돕기 위해 사람들이 만든 통로
를 생태 통로라고 합니다. 도로, 철도 또는 하천변을 따라 만들거나, 산
등을 깎고 도로를 낸 경우 그 위로 동물들이 지나다닐 수 있도록 육교처
럼 만들기도 합니다. 생태 통로를 만들 때는 미리 자연 환경 현황 조사를
하고 생태계에 대한 영향 여부를 판단합니다. 하지만 야생 동물들이 거
기에 길이 있다는 것을 인지하지 못해, 사람들이 생각한 것만큼의 효과
는 보지 못하고 있습니다.

# 깊이보기



## 우리 나라의 국토 개발

우리 나라에서 국토 개발이 시작된 것은 아주 오래 전입니다. 문헌상으로는 삼국 시대 이전부터라고 합니다. 고구려 유리왕 때 토지를 측량했다는 기록이 있습니다. 토지 측량은 토지를 관리하고 계획적으로 이용하기 위해 하는 일인데, 우리 조상들은 삼국 시대에 이미 그런 기술을 가지고 있었습니다.

### 본격적인 국토 개발

우리 나라는 6 · 25 전쟁이 끝나고 황폐해진 국토를 되살리기 위해 1960년대부터 현대적인 의미의 국토 개발을 시작했습니다.

국토 개발은 국토의 미래를 설계하는 일과 같습니다. 나라 전체에 필요한 시설을 지역 특성에 따라 만들 수 있어 좁은 국토를 효율적으로 쓸 수 있습니다. 또한 도시 집중 현상, 지역에 따른 발전 정도의 차이 등을 해결할 수 있습니다. 국민들의 생활 수준을 높이고 나라의 경쟁력도 키워 주는 것입니다.

### 우리 나라의 국토 개발 계획

| 국토 개발 계획 | 국토 개발 방향 | 국토 개발의 주요 성과 |
| --- | --- | --- |
| 제1차 국토 종합 개발 1972~1981년 | 전 국토를 한강, 금강, 영산강, 낙동강의 4대 강 유역권으로 나누었습니다. 그리고 이 지역을 다시 작은 지역으로 나누어 지역의 특성에 맞게 개발하려고 노력했습니다. | 경제 발전의 원동력이 되는 교통 · 통신 시설, 댐, 산업 단지 등이 많이 건설되었습니다. |
| 제2차 국토 종합 개발 1982~1991년 | 전 국토를 작은 생활권으로 나누고, 특별히 개발할 지역은 따로 정했습니다. 나라 전체를 고르게 발전시키고, 국민들의 복지 생활 수준을 높이기 위해 노력했습니다. | 간척지 개발, 대단위 농업 지구 개발, 발전소 건설 등이 이루어지고 산업 단지, 고속 국도, 다목적 댐의 건설 사업이 이루어졌습니다. |
| 제3차 국토 종합 개발 1992~ 2000년 | 1, 2차 국토 개발의 문제점을 해결하고, 남북 통일을 준비하는 데에도 관심을 가졌습니다. 전 국토를 9개 지역으로 나누어 자원과 국토를 아끼고 규모 있게 개발하려고 노력했습니다. | 전국의 교통망이 편리하게 이어져 산업 활동 및 생활이 편리해졌습니다. 경제 건설의 기반이 다져져 경제 활동이 활발해졌습니다. 국민 소득이 오르고 쾌적한 환경을 갖춘 국토가 되었습니다. 또한 인천 국제 공항 건설, 첨단 산업 기지 건설, 관광지 개발 등의 사업이 이루어졌으며, 한강이 깨끗하게 정비되었습니다. |
| 제4차 국토 종합 계획 2001년~ | 제4차 국토 종합 계획은 '21세기 통합 국토'라는 대원칙의 실현을 위해 4가지 목표를 설정했습니다. 더불어 잘사는 균형 국토(지역 간의 통합), 자연 속의 녹색 국토(개발과 환경의 통합), 경쟁력 있는 개방 국토(동북 아시아 지역과 통합), 역동적인 통일 국토(남북한의 통합)입니다. | 제4차 계획안이 제대로 추진되면 우리 나라의 지도는 완전히 바뀌게 됩니다. 국토 연구원은 이 목표를 달성하기 위한 전략으로 차세대 국토 골격 형성 등 일곱 가지 세부 전략을 제시했습니다. |

## 세계 여러 나라의 국토 개발

세계 여러 나라의 국토 개발 정책들은 아주 많은 돈과 시간을 들여 거대한 공업 발달을 돕기 위한 것이 주를 이루고 있습니다. 또 다른 지역보다 생활 수준이 낮은 지역을 다른 지역과 비슷한 수준으로 만드는 개발 사업도 함께 하고 있습니다. 이미 개발이 많이 이루진 곳에는 사람들이 많이 모여 살기 때문에 이런 지역을 다시 정비해서 쾌적하게 만들기도 합니다. 그리고 이런 일을 통해서 나라의 모든 도시가 서로 필요한 부분을 나눠서 돕는 관계가 되도록 개발하고 있습니다.

▲ **미국 테네시 강 유역** 1933년 초 홍수를 방지하고 내륙 수로를 건설하여 물류를 원활히 하고 공업 용수와 수력 발전을 위한 전기 공급 등 종합적인 목적을 갖고 개발되었습니다.

### 미국의 국토 개발

미국은 1920년대에 '테네시 강 유역 개발 사업'이라는 대규모 개발 사업을 계획했는데, 1933년부터 약 10년에 걸쳐 7개 도시에 27개의 댐을 만드는 어마어마한 일이었습니다. 미국 정부는 많은 댐과 수로를 만들어 농촌에 물과 전기를 공급해 농업을 현대화했습니다. 또 콜로라도 강 유역에 댐을 만들어 사막을 농사지을 수 있는 땅으로 만들기도 했습니다.

### 독일의 국토 개발

독일은 1913년부터 세계 최초의 고속 국도인 아우토반을 건설하기 시작했습니다. 아우토반은 약 8000킬로미터의 구간에서 무제한 속도로 빠르게 달릴 수 있게 만든 고속 국도로, 독일 개발 사업과 발전의 상징입니다. 독일은 1971년부터 아우토반 확대 계획을 세워 지금은 총 1만 1000킬로미터에 달합니다. 독일 대부분의 지역이 아우토반과 50킬로미터 이내의 거리가 되었습니다.

▲ **독일 아우토반** 1만 1000킬로미터에 이르며 독일의 대부분에 미칩니다. 도시 권역이나 위험 지역에서는 시속 100킬로미터로 속도가 제한되고 있습니다.

### 아시아와 아프리카의 국토 개발

아시아와 아프리카의 여러 나라들은 이제 막 개발 사업을 시작한 나라들입니다. 그래서 먼저 개발 사업을 시작한 선진국에서 개발 사업에 필요한 기술을 들여와 공장을 세우고, 큰 건물들을 세우고 있습니다. 또 부족한 식량 문제를 해결하는 것이 중요하기 때문에 농업 기술을 배워와 농업 발전을 함께 이루기 위해 노력하고 있습니다.

▶ **나일 강을 막고 세워진 이집트 아스완 댐**
1902년 영국인이 만든 댐으로 이집트 나일 강 중류에 있습니다. 홍수 조절 및 관개용 댐입니다. 1961년에는 아스완 발전소가 가동되기 시작했습니다.

▲ **새만금 갯벌의 새들** 새만금 갯벌은 우리 나라 최대의 철새 도래지입니다. 하지만 개발로 갯벌이 사라지면서, 철새들이 와서 살 곳도 사라지고 있습니다. 도요새의 경우 새만금 갯벌이 사라지면 멸종될 수도 있다고 합니다.

▲ **썩은 호수가 된 시화호** 시화 지구에 시화 방조제를 완공하면서 만든 인공 호수입니다. 원래는 시화 방조제를 건설하고 바닷물을 빼낸 뒤 담수호로 만들어 인근 간척지에 농업 용수를 공급할 목적이었습니다. 그러나 방조제 공사 이후 주변 공장의 하수 및 생활 하수가 유입되면서 심각한 수질 오염 문제가 생겼습니다. 지속적으로 수질 개선 노력을 하고 있어 점차 개선되고는 있지만 여전히 심각한 상태입니다.

▲ **울산 대곡리 반구대 암각화** 울산 광역시 울주군 언양읍에 있는 선사 시대 암각화입니다. 1995년에 국보 제285호로 지정되었습니다. 태화강 댐 건설로 만들어진 호수에 잠겨 있다가 물이 마르면 볼 수 있습니다. 이 때문에 훼손의 우려가 큽니다.

## 개발로 발생하는 문제들

국토의 개발은 사람들에게 필요한 시설을 만드는 일이기 때문에 산과 강, 바다 등 자연을 변형시킵니다. 천성산에 터널을 뚫고 고속 철도를 만드는 일은 사람들이 더 빠르게 움직일 수 있도록 해 주어 편리하지만, 도롱뇽과 개구리, 작은 곤충과 같은 동물들이 사는 늪이 파괴되는 문제가 있습니다. 국토 개발은 많은 이점도 있지만, 많은 문제점을 낳고 있습니다.

### 사라지는 갯벌, 사라지는 생물들

새만금 갯벌은 우리 나라 갯벌 가운데 가장 넓고 아름답고 풍요로운 갯벌로 꼽히는 곳이었습니다. 전라 북도 군산, 김제, 부안을 따라 100킬로미터에 이르는 해안선에 갯벌이 펼쳐져 있습니다.

이 갯벌에는 많은 게들이 사는데 게들은 개흙을 좋아하기 때문입니다. 또 조개와 백합이 많이 사는 거대한 조개밭이 있습니다. 그리고 무엇보다 새만금 갯벌에는 해마다 186종류 118만 마리가 넘는 새들이 찾아옵니다. 멸종될 위기에 놓인 노랑부리백로, 재두루미, 흑고니, 검은머리물떼새, 저어새 등 셀 수 없이 많은 새들이 날아와 풍요로운 먹이와 자연 속에 있다가 돌아갑니다. 하지만 이 곳에 새만금 간척지가 만들어지면서 갯벌이 사라지게 되었습니다. 그러면서 이 곳에 사는 작은 게와 조개들, 새들도 살 곳을 잃게 되었습니다.

### 환경이 오염되고 있어요

시화호는 서해안에 넓은 땅을 만들고 농사를 지을 수 있도록 하기 위해 만든 커다란 인공 호수입니다. 바닷물을 막는 둑을 만드는 데만 6200억 원이라는 어마어마한 돈이 쓰였지만 호수의 물은 점점 썩고 있습니다. 고여 있는 물이 정화되지 않아 썩기 시작한 것입니다. 또 주변의 공장 폐수와 생활 하수가 흘러들어오면서 물고기들이 떼죽음을 당하고, 심한 악취 때문에 주변에 사는 사람들이 고통받습니다. 그러다 보니 호수와 인접한 바다까지 오염되기 시작했습니다.

이런 일이 발생하자 정부와 시민 단체들은 시화호와 바닷물이 서로 흐르도록 하고 습지를 만드는 등 시화호의 환경을 살리기 위한 노력을 하고 있습니다.

### 문화 유적들이 위험해요

울산의 태화강변에는 신석기 시대에 새겨진 것으로 추정되는 그림이 있습니다. 바위 위에 고래잡이 모습, 배와 사람 모습, 사냥하는 모습, 70여 종의 동물 모습 등 200여 점이 그려져 있는데, 사람들이 사냥을 많이 하게 해 달라고 기원하던 장소로 보입니다. 그런데 1965년 태화강에 댐이 만들어지면서 암각화가 강물 속에 잠기고 말았습니다. 나중에서야 국보로 지정하기도 했지만, 지금은 물이 줄어들 때에만 그 모습을 조금씩 볼 수 있습니다. 때문에 물에 의해 침식되어 암각화가 훼손될 우려가 큽니다.

## 바람직한 개발의 방향

우리 나라보다 먼저 국토 개발을 시작한 선진국들은 무분별한 국토 개발이 심각한 문제를 불러 온다는 것을 먼저 알았습니다. 그래서 계획적으로 환경을 보호하면서 개발할 수 있는 방법을 찾기 시작했습니다. 우리 나라도 시화호 문제와 같은 환경 오염 문제를 겪으면서 자연과 조화를 이룰 수 있는 친환경적 개발을 하고 있습니다.

### 삼나무를 지킨 사람, 줄리아 힐

미국 캘리포니아 헤더워터 숲에서는 줄리아 힐이라는 여성이 삼나무 위에 올라가 생활했습니다. 천년 묵은 삼나무 '루나'를 지키기 위해서였습니다. 목재 회사가 이 숲을 사들여 나무를 베기 시작하면서 이 삼나무도 베어질 운명에 놓여 있었기 때문입니다.

줄리아의 친구들은 먹을 것과 입을 것을 날라다 주었고, 줄리아는 양동이에 용변을 보고, 목욕도 나무 위에서 하면서 무려 738일 동안 삼나무에서 내려오지 않았습니다. 결국 목재 회사는 삼나무를 베지 않겠다는 약속을 했고, 줄리아는 나무 위에서 내려왔습니다.

### 갯벌을 국립 공원으로 만든 독일 사람들

갯벌은 많은 생물의 터전이기도 하고, 바다와 육지가 오염되지 않도록 정화 작용을 하기도 합니다. 독일은 일찍부터 갯벌의 소중함을 알고 20년 전부터 모든 갯벌을 국립 공원으로 지정했습니다. 환경 운동가와 국민들만 갯벌을 살려야 한다고 주장하는 것이 아니라 정치인과 정부 관리들까지 갯벌 지키기에 앞장선 것입니다. 독일에서는 우리 나라 갯벌에서처럼 고함을 치거나 게가 나오는 구멍을 쑤셔 대면 당장 쫓겨납니다. 갑작스런 사람들의 행동이 동물을 놀라게 하고, 동물의 생활을 방해한다고 생각하기 때문입니다.

독일 갯벌에서는 이처럼 자연을 보호하는 곳과 사람들이 휴양할 수 있는 곳이 분리되어 있습니다. 사람들을 위한 구역에서는 해수욕과 보트놀이 같은 자연에 해를 끼치지 않는 놀이를 할 수 있습니다.

### 환경 전문 법원을 만든 오스트레일리아 사람들

오스트레일리아는 세계적으로 환경이 잘 보전된 나라 중 하나입니다. 그런데 오스트레일리아에서도 개발을 하는 과정에서 환경 파괴가 이루어지는 등 많은 문제가 발생한 적이 있었습니다. 1970년대에는 개발을 하려는 정부와 막으려는 환경 단체와 시민 단체들의 대립이 아주 심했습니다. 숲의 나무를 베어 내는 것에 반대해서 나무에 자기 몸을 묶거나, 댐 건설에 반대해서 현장에 드러누워 시위를 벌이는 사람도 있었습니다. 오스트레일리아 사람들은 이런 문제를 해결하기 위해 환경 법원을 만들어서 전문가들이 충분한 검토 과정을 거치고, 법관은 전문가들의 말을 충분히 들은 뒤에 판결을 내리도록 했습니다.

▲ **천년 묵은 삼나무 루나와 줄리아 힐** 줄리아 힐은 삼나무를 벌목하려는 목재 회사에 항의하는 뜻으로 천년 묵은 삼나무 루나의 위에 올라가 738일간을 살았습니다. 결국 줄리아 힐은 '루나'를 베지 않겠다는 약속을 받아 냈습니다. 이 일은 세계인을 감동시켰으며 환경 보호를 시민 운동으로 발전시키는 계기가 되었습니다.

▲ **독일의 갯벌** 독일의 갯벌은 북해 연안에 약 10킬로미터 폭으로 발달해 있습니다. 제2차 세계 대전이 끝나고 공업 단지 건설, 농지 확보 등으로 갯벌이 본래의 모습을 잃어 가자 독일은 자연 보존 법령을 발표하고 갯벌 보전에 앞장섰습니다. 각 지역의 갯벌을 국립 공원으로 지정하여 보전하고 있습니다. 각 갯벌 국립 공원에는 관리청이 있으며, 보전 지역, 완충 지역, 휴양 지역으로 구분하여 엄격하게 관리하고 있습니다.

### 환경 영향 평가 제도란?

개발을 하기 전에 개발로 인해 주변 자연 환경과 주민들의 생활에 어떤 영향을 미치게 될지 미리 조사하도록 하는 제도예요. 현재 미국, 캐나다, 일본, 독일, 오스트레일리아 등에서는 법으로 정해 실시하고 있어요. 우리 나라도 관련법을 제정, 1981년부터 본격적으로 시행하고 있어요. 만일 어느 지역에 터널을 뚫거나 땅을 파는 등 개발과 관련된 일이 그 지역의 환경에 좋지 않은 영향을 준다는 결론이 나면 개발을 취소하거나 중단해야 돼요.

## 똑똑한 사회탐구